I0412413

Quand viendra le jour où nous nous lèverons moins cons

S. Lebonpré-Zidan

Avant-propos

Les Français sont vraiment trop cons ! Ils avalent des couleuvres sans rechigner ! Non pas qu'ils soient des enfants particulièrement bien élevés, mais il subsiste en eux, plus de deux-cents ans après la Révolution, un fond d'obéissance stupide sans esprit critique ! Leur cerveau n'est pas encore suffisamment développé !

Qui suis-je pour parler ainsi de nous ? Un Français, qui vit dans notre société, en respectant nos règles et en subissant nos contraintes ? Un salarié, employé dans une entreprise privée, éminent membre de la classe moyenne ? Un citoyen amené à exprimer mon opinion uniquement au moment de rares referendums et de votes pour désigner le moins pire ?

Peut-être vivrai-je un jour dans un autre pays, serai-je politicien, deviendrai-je patron ? Mes indignations resteront-elles les mêmes ? Saurai-je en tenir compte ?

Peu importe ! Assez parlé de moi, c'est de vous dont il s'agit !

Au moment d'élire notre guide suprême pour les cinq prochaines années, abordons une série de réflexions - une par semaine jusqu'au premier tour de la présidentielle de 2017, pour éviter le mal de tête - et traquons l'absurde dans la société, le travail et la politique !

Tout ceci n'est qu'un début, les questions vont et viennent, de nouvelles indignations naissent chaque jour !

Introduction

« Françaises, Français, mes chers compatriotes... »

Postulat de base de celui qui nous parle : nous sommes naïfs, fainéants, envieux, inconséquents, prétentieux, râleurs, immatures... ! Heureusement nous sommes une masse malléable à merci, il suffit d'utiliser des trucs et astuces pour nous contrôler et nous influencer !

« Ce que veulent les Français... », « moi je sais ce qu'attendent nos compatriotes... »

Postulat de base de celui qui parle : heureusement qu'il est là pour réfléchir et décider pour nous, il nous connaît mieux que nous-mêmes ne nous connaissons !

« Aux armes, citoyens... »

Sortons nos armes intellectuelles, marchons sur les paroles dénuées de sens ! Posons-nous des questions, cherchons des réponses, arrêtons de nous laisser endormir !

De l'esprit critique, du panache, faisons des vagues !

Je de société ?

s16-37
Moi, je ?

Sans être égotiste, ne suis-je pas le centre du monde ?

D'ailleurs quand je serai mort, qui peut m'assurer que le monde existera encore ?

A-t-il réellement été avant moi ?

Suis-je l'œuf ou la poule ?

A part mes proches, les êtres humains qui peuplent l'espèce ont-ils un intérêt autre que de meubler l'espace ?

Existe-t-il des voisins silencieux, respectueux et prêtant attention aux autres ?

Œil pour œil, dent pour dent, ou bien ne fais pas à autrui ce que tu ne voudrais pas qu'on te fît ?

Les autres méritent-ils l'enfer ?

Un idiot a-t-il conscience de son état ?

Ne sommes-nous pas tous le con d'un autre ?

s16-38
Nous, tous ?

Nous électeurs, sommes-nous en mesure de comprendre les problématiques et enjeux sous-jacents des questions posées lors des référendums ?

Sommes-nous aptes à lutter contre notre influençabilité ?

Si nous savions voler, saurions-nous raisonner autrement qu'en nous focalisant sur nous-mêmes ?

Champions des querelles de clochers, savons-nous intégrer les enjeux pour la France à nos réflexions ?

La gestion par le peuple a-t-elle une direction et un sens ?

Un mur est-il une somme de briques sans ciment ?

s16-39
Nous, mortels ?

Pourquoi la vitesse est-elle limitée sur les routes ?

Pourquoi les voitures sont-elles conçues pour dépasser les limites ?

Le conducteur d'une voiture sans permis est-il responsable de ses accidents ?

Pourquoi existe-t-il dans l'automobile un système de bonus/malus écologique : pour autoriser les riches à polluer ou pour empêcher les pauvres de polluer ?

Est-ce bien prudent de mourir au combat ?

Le lâche est-il celui qui a peur de mourir ?

Le faible est-il celui qui continue à vivre ?

Se souvient-on des héros morts dès leur premier combat ?

Laurent Blanc a-t-il gagné la finale de la coupe du monde de foot 98 ?

s16-40
Nous, optimistes ?

Fleurir les villes rend-il notre société florissante ?

Pourquoi les journalistes utilisent-ils pour décrire les évolutions de notre société le terme de « progrès » ?

La femme se sent-elle aussi unie que l'homme puni par les liens du mariage ?

N'est-il pas injuste que certains enfants aient le droit d'avoir deux papas ou deux mamans ?

Pourquoi la langue française utilise-t-elle des articles masculins et féminins, et pas des « articles pour tous » comme en anglais ?

s16-41
Nous, négatifs ?

En quoi la discrimination positive n'est-elle pas discriminatoire ?

Les immigrés d'hier sont-ils différents des migrants d'aujourd'hui ?

Un mariage blanc porte-t-il bien son nom ?

Un blanc peut-il critiquer un individu non-blanc sans être raciste ?

Un non-juif peut-il critiquer un individu juif sans être antisémite ?

Un Français peut-il critiquer les choix du sélectionneur national de foot sans être licencié ?

Un journaliste de chaîne publique peut-il critiquer son président de la république sans être licencié ?

s16-42
Nous, riches ?

Pourquoi les riches veulent-ils gagner encore plus d'argent ?

Quel est l'intérêt des super-riches pour une société ?

L'ISF est-il la TVA sur la non-consommation ?

Pourquoi les journalistes nous annoncent-ils la justice sociale dans le fait de donner et prendre à chacun « selon ses moyens » et pas « la même chose » ?

Pourquoi les riches ne méritent-ils pas leur fortune ?

Pourquoi les footballeurs méritent-ils de gagner beaucoup d'argent ?

Le loto est-il une machine à transférer les gens de gauche à droite ?

s16-43
Nous, triches ?

Pourquoi y a-t-il des sommes non déclarées, des constructions non déclarées, des candidats non déclarés ?

Pourquoi imposer dans les PLU des règlements que les constructions existantes n'ont pas besoin de respecter ?

Pourquoi ceux qui brassent le plus d'argent s'inspirent-ils des plus pauvres pour payer moins d'impôt sur le revenu que les classes moyennes ?

Parce qu'ils sont partis mais jamais revenus ?

Pourquoi les gens honnêtes doivent-ils payer pour compenser les sommes non versées par les gens malhonnêtes ?

s16-44
Nous, élevés ?

Les profs étaient-ils de bons élèves ?

Pourquoi n'apprend-on pas à l'école comment remplir sa feuille d'impôts?

Pourquoi n'y apprend-on pas à gérer un budget ?

L'Education Nationale est-elle responsable des phobies administratives ?

Pourquoi les élèves ne sont-ils pas regroupés en classes de niveau scolaire comparable comme pour les championnats sportifs ?

L'émulation, est-ce dépasser le premier ou bien celui qui nous précède ?

L'OM joue-t-il le titre de champion de France ?

s16-45
Eux, justes ?

La justice porte-t-elle bien son nom ?

Un juge a-t-il le droit de se tromper ?

Qu'est-ce qui est le plus grave : relâcher un coupable ou condamner un innocent ?

Si des œuvres d'art ont une valeur inestimable, quelle est la valeur d'une vie humaine ?

Celui qui tue son agresseur en se défendant est-il un assassin ?

Celui qui détrousse un riche est-il un voleur ?

Pourquoi faire payer la récidive au récidiviste, et pas au législateur, au juge ou au système carcéral ?

Pourquoi y aurait-il plus de personnes emprisonnées si on augmentait le nombre de places de prison ?

s16-46
Eux, injustes ?

Le gagnant d'une compétition est-il toujours le meilleur ?

Un champion du monde dopé non pris a-t-il mérité son statut ?

La séance de tirs au but devrait-elle se dérouler avant le match ?

Pourquoi les meilleures équipes de foot ne participent-elles pas aux JO comme dans tous les autres sports ?

L'injustice est-elle l'essence du foot ?

La fin justifie-t-elle les moyens ?

Le fan a-t-il les moyens ?

s16-47
Eux, supérieurs ?

Les castes et les élites ont-elles d'autre but que de s'auto-protéger et de se maintenir au-dessus de la mêlée ?

N'est-ce pas fratricide d'envoyer des agents secrets lutter contre les sociétés secrètes ?

Existe-t-il des sociétés secrètes qui ont pignon sur rue ?

Les Etats noyautés par les organisations secrètes doivent-ils cracher le morceau ?

Les gouvernants doivent-ils mentir aux Français dans leur propre intérêt ?

S'agit-il de haute trahison ?

On ploie ?

s16-48
Moi, parmi nous ?

Mon salaire me donne-t-il ma place dans la société ?

Travailler plus pour gagner plus, est-ce plus important que de gagner assez en ne travaillant pas ?

Si je fais des heures supplémentaires non rémunérées, suis-je en droit de m'absenter durant mon temps de travail sans baisse de rémunération ?

Le bénévole est-il la définition du salarié heureux ?

Le travail définit-il notre statut social ou nous fait-il participer à un jeu de rôle ?

Le travail est-il toute une vie ?

Celui qui décède avant sa retraite a-t-il raté sa vie ?

L'esprit de groupe est-il une valeur ?

Qui du mouton ou du berger est le plus valeureux ?

Faut-il avoir peur du loup ?

s16-49
Nous, graves ?

Pourquoi chacun décrit-il son métier comme le plus beau du monde ?

L'expérience professionnelle consiste-t-elle à pratiquer le même métier toute sa vie ?

Vaut-il mieux mentir sur son CV pour se faire embaucher, ou démentir sa faute au moment où on se fait virer ?

Signer chez un concurrent, est-ce rattraper une erreur, faire une erreur ou refaire la même erreur ?

Un salarié est-il un chômeur actif ?

Est-ce que faire grève, c'est empêcher les autres de travailler ?

Y aura-t-il un jour une grève des employeurs ?

Y aura-t-il un jour une grève des citoyens ?

Qui ne dit de gros mots consent-il ou se sent-il con ?

s16-50
Nous, coupables ?

Pourquoi l'Etat gagne-t-il plus que l'écrivain sur chaque livre vendu ?

Les aides à l'emploi sont-elles la règle ou l'exception ?

Pourquoi la politique pour l'emploi fait-elle que certains se complaisent à ne pas travailler en vivant des aides ?

Est-ce une carotte ou un bâton de gagner à temps plein un quart ou un tiers de salaire de plus que lorsqu'on ne travaille pas du tout ?

Vivre des aides, est-ce être fonctionnaire d'Etat payé à ne rien faire ?

L'alternance, est-ce toucher le chômage quand on ne touche pas sa paie ?

s16-51
Eux, valeureux ?

L'entreprise est-elle vertueuse ?

Existe-t-il des entreprises non cupides ou vénales ?

Une entreprise n'a-t-elle que deux solutions : croître ou disparaître ?

L'entreprise passe-t-elle au-dessus de l'individu ?

L'entreprise surpasse-t-elle le chef d'entreprise ?

Le chef d'entreprise est-il un mercenaire ?

Le salarié travaille-t-il pour enrichir son entreprise ou son compte en banque ?

Pourquoi chaque salarié offre-t-il un mois d'avance de trésorerie à son employeur même lorsque ce n'est pas Noël ?

s16-52
Eux, graves ?

Pourquoi un salarié coûte-t-il deux fois plus cher à son patron que ce qu'il touche réellement ?

Qui est contre le contrat unique ?

Pourquoi la France a-t-elle un droit du travail hyper complexe, avec des cas particuliers, des régimes dérogatoires... alors qu'il n'y a aucun diplôme de patron ?

Le patron se souvient-il qu'il a un jour été un simple employé ?

Le patron serait-il élu par ses salariés en cas de candidature à la présidence de la société ?

Le patron est-il un dictateur ou le président fantoche d'une république dirigée par un conseil d'administration, un directoire ou un conseil de surveillance ?

Le fils du patron étant destiné à remplacer son père, la fille de la secrétaire est-elle vouée à remplacer sa mère aux côtés de son demi-frère ?

s17-01
Eux, aux soins ?

Qui dirige le monde : les nations ou les entreprises ?

Les entreprises ont-elles le droit de polluer ?

Les entreprises ont-elles le droit de contaminer leur voisinage ou leurs clients ?

Pourquoi l'industrie pharmaceutique représente-t-elle l'un des secteurs les plus rentables de l'économie mondiale ?

Les maladies professionnelles sont-elles des preuves de professionnalisme ?

L'arrêt de travail est-il l'apanage du flemmard, le burn-out le privilège du consciencieux et le suicide la prérogative du surmotivé ?

Le travail, c'est la santé ?

s17-02
Eux, maternels ?

Vaut-il mieux embaucher un senior pour quelques années ou un junior pour plusieurs dizaines d'années ?

Traiter son subordonné comme un enfant donne-t-il droit à des allocations familiales ?

Pourquoi la direction des ressources humaines n'a-t-elle pas vocation à s'occuper des ânes, des chèvres et des tanches ?

Si la culture d'entreprise est le cordon ombilical qui relie un salarié à sa société, s'enroule-t-il souvent autour du cou de la progéniture ?

Pourquoi compare-t-on l'entreprise à une grande famille : pour pouvoir renier ses enfants ou pour réduire les droits de succession ?

Pourquoi l'Etat prend-il une partie du salaire des Français : pour leur imposer la manière de l'utiliser ou pour les empêcher de mal l'utiliser ?

s17-03
Eux, victimes ?

Le harcèlement moral est-il le fait de son supérieur ou de son entreprise ?

Un commercial qui ne vend pas est-il incompétent ou un brave type ?

Pour le manager intermédiaire, qui est le marteau et qui est l'enclume ?

Pourquoi les chefs d'entreprise choisissent-ils de rémunérer leur actionnaire en réaffirmant à leurs salariés la valeur de leur travail ?

Pourquoi les consommateurs ne sont-ils pas indemnisés quand des entreprises sont condamnées pour entente illicite ?

s17-04
Eux, elles ?

Les métiers féminins doivent-ils exiger un quota d'hommes ?

Un chef choisit-il ses équipes en fonction de ses préférences sexuelles ?

Un diner d'affaire est-il au travail ce qu'une aventure extra-conjugale est à la vie de couple ?

Un séminaire d'entreprise est-il au travail ce qu'une partouze est à la vie de couple ?

Un couple qui s'est formé sur son lieu de travail durera-t-il le temps du contrat : CDI, CDD, intérim ?

Est-il plus courant de déménager lorsqu'on change de conjoint ou d'employeur ?

Pôle Emploi remplit-il sa mission de site de rencontres ?

s17-05
Eux, nationalisés ?

Pourquoi les rythmes scolaires ne tiennent-ils pas compte du rythme de travail des parents ?

Pourquoi les politiques sociales encouragent-elles l'emploi et la famille, alors qu'on manque de moyens pour gérer les enfants pendant que les parents travaillent ?

Pourquoi demande-t-on plus de flexibilité aux salariés mais conserve-t-on la rigidité sclérosante du système scolaire ?

Pourquoi les congés des parents sont-ils imposés par l'Education Nationale ?

Quand la bulle vacancière générée par l'Education Nationale va-t-elle exploser ?

Poli, je tique ?

s17-06
Moi, Président ?

Quand la monarchie a-t-elle été abolie ?

Combien de membres la Cour du Roi compte-t-elle ?

Existe-t-il suffisamment de postes hyper rémunérés aux fonctions honorifiques pour que le roi puisse caser tous ses courtisans ?

A-t-on de nos jours de grands hommes d'Etat ?

Y en a-t-il qui méritent de rester dans l'Histoire ?

Faut-il distinguer le privé du professionnel ?

DSK aurait-il été un meilleur Président ?

Aurais-je été un moins bon Président ?

s17-07
Moi, candidat ?

Concevons-nous qu'il existe en France des personnes compétentes dans tous les domaines de la gestion d'un pays ?

Pensons-nous que quelqu'un puisse un temps se consacrer à l'environnement, les mois suivants à l'industrie ou aux transports, puis enfin à l'intérieur, en prenant les décisions qu'impose sa fonction ?

Pourquoi la principale qualité que nous demandons à un homme politique est de savoir se faire élire ?

Pourquoi choisit-on au marché les tomates les moins chères, puis déçu par leur goût, la fois d'après, on s'adresse au stand d'à côté ?

Si la Marseillaise s'était appelée la Strasbourgeoise, la bouillabaisse aurait-elle été à la saucisse et la choucroute au poisson ?

Devenir homme politique, est-ce choisir un métier ou opter pour un passe-droit ?

Salaire correct, avantages en nature nombreux, indemnité non fiscalisée, futures pensions de retraite confortables après seulement quelques années de fonction, immunité parlementaire, pourquoi nos enfants ne rêvent-ils pas tous de devenir député ?

s17-08
Nous, citoyens ?

Sommes-nous tous d'accord que nul n'est censé ignorer la loi ?

Existe-t-il une commission qui supprime les lois inutiles ?

Un acte en avance sur la loi est-il condamnable ?

Faut-il respecter les lois ou les contourner sans se faire prendre ?

Les gouvernants ont ils conscience de se placer au-dessus des lois qu'ils décident pour le peuple ?

L'amende pour mauvais stationnement est-elle une autorisation de stationner moyennant un tarif plus élevé que le parcmètre ?

Sommes-nous libres ?

Sommes-nous égaux ?

Qu'est-ce que la fraternité ?

Les automobilistes français sont-ils libres, égaux et fraternels ?

s17-09
Nous, champions ?

La France est-elle le centre du monde ?

Sommes-nous le plus beau pays du monde ?

Notre accueil des touristes étrangers est-il aussi parfait que notre niveau d'anglais ?

Le touriste français n'arrive-t-il en territoire conquis que dans les anciennes colonies ?

Sommes-nous les meilleurs du monde ?

Pourquoi pensons-nous que dans les autres pays, il y a moins de justice, moins de libertés, moins de droits ?

Aux Jeux Olympiques, la France brille-t-elle dans les sports majeurs ?

Qui est champion du monde du cri de cochon ?

s17-10
Nous,
exemplaires ?

L'exemplarité est-elle un signe de faiblesse politique ?

Pourquoi un Français condamné à de la prison à l'étranger reste-t-il innocent aux yeux des médias français ?

Pourquoi les journalistes français portent-ils un regard critique sur les faits politiques étrangers mais pas sur ce qui se passe en France ?

Pourquoi les remèdes politiques appliqués à l'étranger sont-ils toujours tellement indignes de nous, la France sachant tout inventer par elle-même ?

Est-ce pour donner l'exemple que la France ne respecte pas certaines lois européennes, préférant payer des amendes ?

Pourquoi acceptons-nous de vivre dans un pays avec un tel niveau de corruption ?

Qui n'a jamais dit : peux-tu prendre mon fils en stage, peux-tu embaucher ma femme, ou peux-tu me faire sauter mon PV ?

Les fruits de Martinique et de Guadeloupe font-ils de la France une république bananière ?

s17-11
Nous,
responsables ?

Sommes-nous tous responsables des décisions prises par l'Etat ?

Sommes-nous redevables des erreurs françaises du passé ?

Peut-il y avoir prescription ?

L'auto-flagellation est-elle religion d'Etat ?

Pourquoi le Président de la République ne paie-t-il pas l'impôt sur les successions à sa prise de fonction ?

Pourquoi acceptons-nous que des individus décident eux-mêmes de leur salaire et de leurs avantages ?

Le malpoli tique seulement en songe ?

s17-12
Eux, le spectacle ?

Les hommes politiques sont-ils des personnalités ?

Les hommes politiques ont-ils de la personnalité ?

Dans quel domaine les hommes politiques ont-ils la vision la plus pertinente : pour la France, pour leur carrière, ou pour leur portefeuille ?

Pourquoi les hommes politiques ne sont-ils jamais rattrapés par l'âge de la retraite ?

Quelles sont les ressources d'un homme politique qui n'exerce aucun mandat ?

A-t-il droit au statut d'intermittent du spectacle ?

s17-13
Eux, le droit ?

Pourquoi les membres du gouvernement ne cherchent-ils pas à anticiper mais sont-ils uniquement capables de parer au plus pressé ?

Pourquoi l'Etat n'a-t-il pas le droit de toucher aux prérogatives des chauffeurs de taxi, des transporteurs routiers, des enseignants ?

Un Etat fort devient-il une dictature ?

Un gouvernement se doit-il d'être populaire ?

De l'immobilisme au changement, qui franchira le pas ?

Qu'est-ce qu'un Etat de droit ?

Ne suffit-il pas de changer la loi pour autoriser ce qu'on s'interdit ?

s17-14
Eux, la loi ?

Les lois visent-elles le bien-être de tous les Français ?

Le lobbying est-il légal ?

Les entreprises publiques ont-elles le droit moral de pratiquer l'optimisation fiscale ?

L'Etat a-t-il toujours raison ?

Un membre du gouvernement a-t-il commis une faute grave quand l'Etat perd un procès ?

Lutter contre une décision du gouvernement, est-ce illégal ?

Les Résistants sont-ils des citoyens modèles ?

Qui est le plus responsable : celui qui décide une loi, celui qui la vote ou celui qui la fait appliquer ?

Pourquoi la France applique-t-elle la peine de mort à l'extérieur mais pas à l'intérieur de ses frontières ?

Faut-il alors un procès par contumace posthume ?

s17-15
Eux, le respect ?

Les opinions personnelles ont-elles leur place en politique ?

Le premier ministre s'adressant à un ministre qui a claironné un son dissonant doit-il montrer la voie ou monter la voix?

Un député de la majorité se doit-il de voter en faveur du gouvernement ou selon ses convictions ?

Ne pourrait-on pas remplacer tous les députés toujours d'accord entre eux et avec leur gouvernement par un seul individu ?

Les primaires des partis politiques déclenchent-elles moins de coups bas que l'élection présidentielle ?

La famille politique et les amis politiques ne sont-ils là que pour rappeler l'adage « qui aime bien châtie bien » ?

s17-16
Lui, l'élu ?

Ayant épousé Marianne, notre Président est-il lié à elle pour la vie ?

Pourquoi l'adage « mariage pluvieux, mariage heureux » ne peut-il pas s'appliquer à notre Président ?

Est-il moral que notre Président offre des cadeaux financés par les deniers publics pour se faire réélire ?

Ne s'agit-il pas d'abus d'une fonction publique à des fins d'enrichissement personnel ?

La femme du Président est-elle la Présidente ?

La maîtresse du Président n'est-elle pas la favorite ?

Qui est le favori de l'élection des miss ?

Postface

Hommes politiques, réveillez-vous ! Posez un regard critique sur vous-mêmes et vos congénères !

Français, tous ces moralisateurs, placez-les face à leurs contradictions, demandez-leur d'assumer leurs actes et décisions !

Quand la rupture avec un système dévoyé est un mouvement trop lent, il ne reste que la révolution ! Alors, ne votez pas pour eux, votez pour vous-mêmes !